Pour Valérie, des fleurs, des fleurs, des fleurs…

Fabrice Moireau
remercie madame Lindsey,
Gilbert Vahé, pour sa
disponibilité et
tous les jardiniers de
la Fondation Monet.

Collection dirigée par Dominique Legrain
Responsable éditoriale : Françoise Chabbert
Conception graphique : Fabrice Moireau
Mise en page : Roberta Maranzano

ISBN 978-2-74-241768-1
Numéro d'édition : 331004
1er dépôt légal : septembre 2006
Dépôt légal : janvier 2018
Photogravure : Euresys
Imprimé chez PBTisk en République tchèque

car
rés
de
jar
din

Le jardin de Claude Monet à Giverny

Fabrice Moireau

GALLIMARD

Le jardin de Claude Monet à Giverny

Claude Monet n'a pas quinze ans. Déjà il se fait remarquer pour ses caricatures dont la facture s'apparente à celle d'Honoré Daumier, aîné illustre s'il en est, prenant pour cible ses professeurs et les notables de la bourgeoisie havraise. Un coup de crayon sûr et mordant.

« Rien au monde ne m'intéresse que ma peinture et mes fleurs. »
Claude Monet

À dix-sept ans, il fait la connaissance d'Eugène Boudin qui excelle dans la peinture de paysage. Les deux hommes se lient d'amitié[1]. L'année suivante, il rencontre Camille Pissarro. Des maîtres.

À vingt ans, Monet, jeune conscrit, rejoint le Premier Régiment des Chasseurs d'Afrique. Aucun fait d'armes à signaler. Il découvre l'Algérie, tombe malade. Il est rapatrié sanitaire. Cette courte expérience est pour lui décisive. Il dit « combien sa vision y gagna » et ajoute « les impressions de lumière et de couleurs que je reçus là-bas ne devaient que plus tard se classer ; le germe de mes recherches futures y était ».

Deux ans plus tard, Monet fait la connaissance du peintre hollandais Jongkind. À l'Atelier Charles Gleyre,

à Paris, il rencontre Bazille, Sisley, Renoir… Sa vocation est née. Toute sa vie, Monet, habité d'une passion dévorante et épuisante, fait jaillir la couleur, la scrutant inlassablement dans ses nuances les plus secrètes. Il saisit, mieux que quiconque, l'éphémère, le fugitif, l'insaisissable. Il traque le vent, les reflets, les transparences…
Né à Paris en novembre 1840, Monet s'éteint à Giverny, à l'âge de 86 ans, en décembre 1926.

Un itinéraire semé d'embûches

Monet acquiert son style, sa force, sa personnalité au fil des années. *Coin d'atelier*, œuvre de jeunesse (1861), est de facture classique. Une nature morte. En premier plan : une table, des livres reliés sagement empilés, des armes accrochées au mur, le matériel de peinture de l'artiste… Exercice d'école ? Monet cherche sa voie.
Edouard Manet, son aîné de huit ans (1832-1883) va, en quelque sorte, révéler Monet. Manet, considéré comme précurseur de l'impressionnisme, peint *Le déjeuner sur l'herbe* (1863). Le tableau fait scandale. Une femme, nue, nullement intimidée, devise avec deux hommes joliment habillés et cravatés, à l'occasion d'un déjeuner champêtre. Le nu est, somme toute, bien pudique. Ce qui choque, dans ce tableau, c'est la mise en scène voulue par Manet qui ne souhaitait, ni plus ni moins, qu'attirer l'attention sur sa peinture. Monet retient de la toile, non le nu, mais la couleur, les jeux d'ombres et de lumière. La toile de Manet est de grande taille, puisqu'elle mesure 2,08 x 2,64 m. Qu'à cela ne tienne, Monet entreprend une toile qu'il intitule sans originalité *Le déjeuner sur l'herbe* (1865), de 4,20 x 6,50 m, qui représente une douzaine de personnages grandeur nature ! Tout Monet est en germe dans cette toile. Manet peint sa composition champêtre en atelier, Monet, quant à lui, choisit de peindre en extérieur, dans la forêt de Fontainebleau, sur le motif, pour mieux rendre les subtils jeux de lumière. Sa palette s'éclaircit. Robes et jaquettes prennent merveilleusement la lumière tamisée par les frondaisons d'un bois de bouleaux. Et pourtant, la scène conserve un caractère légèrement convenu, les personnages captent le regard, on reste dans la scène de genre destinée à plaire par son côté aisé, bourgeois. Le style, paisible et chatoyant, convient. Monet récidive avec *Femme à la robe verte* (1863), *Femmes au jardin* (1866), *Terrasse à Saint-Adresse* (1867).
Passé la trentaine, Monet peint *Impression, soleil levant* (1873). La toile fait date, et ceci pour plusieurs raisons. Plus de robes chatoyantes, de poses élégantes, d'ombrelles pour protéger les visages délicats. Monet s'attache à l'ambiance matinale du port du Havre. Des formes à peine esquissées dans une brume qui tarde à se dissiper, un ciel rougeoyant qui se fond et se confond avec la mer qui avale la lumière du soleil.
Des grues, des cheminées, à moins qu'il ne s'agisse de mâtures de navires vacillent au rythme de vagues incertaines. Monet qualifie sa composition d'impression. Il restitue, fidèlement, ce que son œil peut percevoir, aux premières lueurs du jour.
La critique l'assassine. On qualifie, par dérision, son œuvre d'impressionnisme. Ce qui n'a d'autre but que de stigmatiser le flou, l'inachevé, ce qui voue aux gémonies la maladresse, le manque de rigueur, bref, ce qui caractérise une œuvre ratée.
Ironie du sort, le terme d'*impressionnisme* est lancé. Il fera florès. Les impressionnistes, pendant de longues années, ne font pas recette. Ils sont systématiquement écartés du Salon, événement parisien, qui, chaque

En 1842, la firme Windsor & Newton met sur le marché les premières couleurs en tubes. Le broyage industriel des pigments est abandonné. Les impressionnistes peuvent désormais travailler sur le motif, avec un matériel beaucoup moins volumineux.

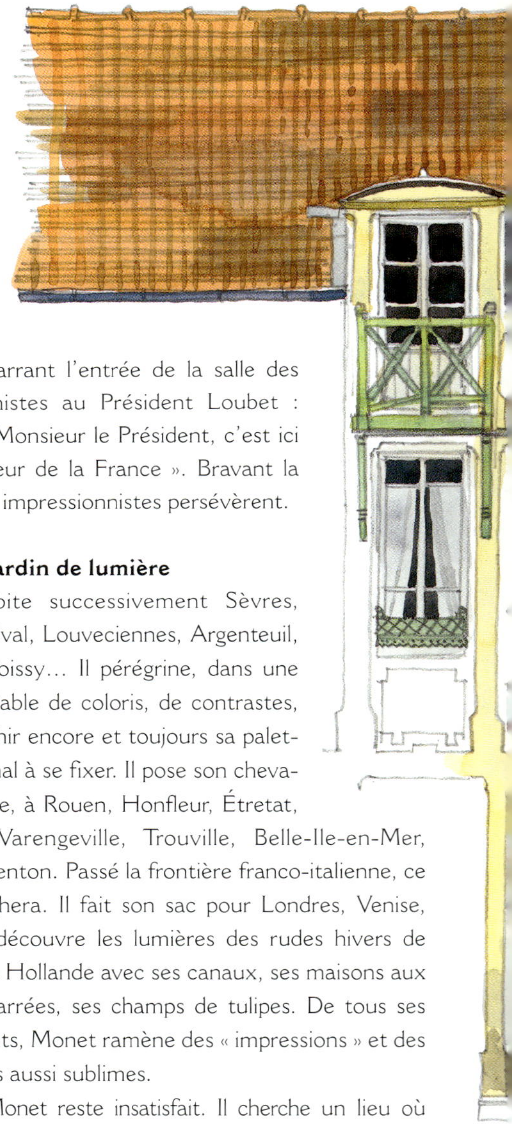

année, consacre les plus grands talents. L'ostracisme est à ce point patent que Napoléon III, en 1863, autorise l'ouverture du « Salon des Refusés ». Un comble. En 1874, Monet et ses amis en quête de lieux d'exposition choisissent de présenter leurs oeuvres boulevard des Capucines, dans l'atelier du photographe Gaspard Félix Nadar. L'année suivante, ils organisent une vente publique à l'Hôtel Drouot.

Le Café Baudy, qui fait aussi auberge, devient rapidement le rendez-vous des amis de Claude Monet en visite à Giverny : Caillebotte, Pissarro, Rodin, Renoir, Valéry, Maupassant, Sacha Guitryb Clemenceau … sont de ceux-là. De jeunes peintres américains fascinés par l'œuvre du maître y élisent domicile.

Elle se solde par un véritable fiasco.
Les finances de Monet sont au plus bas.
Il faut toute la perspicacité du marchand de tableaux Durand-Ruel pour faire accepter la peinture de Monet. Convaincu de son talent, il présente une de ses toiles à Londres en 1870. En 1873, il trouve acheteur pour une trentaine de ses oeuvres. En 1887, il expose quarante toiles à New York. La notoriété et l'aisance financière sont désormais au rendez-vous.
On a du mal, aujourd'hui, à imaginer à quel point l'ambiance qui a longtemps entouré les impressionnistes fut pestilentielle. En 1894, le peintre académique Gérome écrit à propos du legs Caillebotte de 77 tableaux impressionnistes : « Pour que l'État ait accepté pareilles ordures, il faut une bien grande flétrissure morale ».
Le propos est peu amène. Il récidive à l'exposition de 1900, barrant l'entrée de la salle des impressionnistes au Président Loubet : « Arrêtez, Monsieur le Président, c'est ici le déshonneur de la France ». Bravant la critique, les impressionnistes persévèrent.

Giverny, jardin de lumière

Monet habite successivement Sèvres, Paris, Bougival, Louveciennes, Argenteuil, Vétheuil, Poissy… Il pérégrine, dans une quête insatiable de coloris, de contrastes, afin d'enrichir encore et toujours sa palette. Il a du mal à se fixer. Il pose son chevalet au Havre, à Rouen, Honfleur, Étretat, Pourville, Varengeville, Trouville, Belle-Ile-en-Mer, Antibes, Menton. Passé la frontière franco-italienne, ce sera Bordighera. Il fait son sac pour Londres, Venise, Madrid. Il découvre les lumières des rudes hivers de Norvège, la Hollande avec ses canaux, ses maisons aux façades bigarrées, ses champs de tulipes. De tous ses déplacements, Monet ramène des « impressions » et des toiles toutes aussi sublimes.
Pourtant, Monet reste insatisfait. Il cherche un lieu où poser ses pinceaux. Un lieu d'inspiration permanent. Un refuge, d'où il lui sera possible de conquérir le monde… celui de son talent et de son inspiration.

B

Les serres fournissent en fleurs les jardins de la Fondation Claude Monet, tout au long de la saison Une véritable entreprise de production horticole.

Ce sera Giverny[2]. C'est là que Monet, après avoir découvert la région au cours de virées champêtres, choisit de louer une maison pour s'y installer. Nous sommes en 1883. Monet a 42 ans. Le peintre a enfin trouvé le lieu qui correspond à sa peinture. Le 21 juin 1889, il écrit : « Je n'aspire qu'à une chose, c'est prendre le chemin de Giverny et y trouver le calme ». En 1890, il acquiert la maison qu'il occupe depuis sept ans. Jamais son enthousiasme ne se dément : « J'ai le spleen de Giverny. Tout doit être si beau par ce temps inouï » (13 avril 1892).

Le jardin adossé à la maison, baptisé le « Clos normand », n'est autre qu'une prairie ordinaire ponctuée ici et là de quelques arbres sans caractère. Monet se met au travail, il bêche, bine, sarcle, sème, plante, taille, arrose, désherbe… Il se fait jardinier, fleuriste, coloriste, peintre en un mot. Il acquiert, quelques années plus tard, un second jardin, dans le prolongement du Clos normand, de l'autre côté de la ligne de chemin de fer et du chemin du Roy qui n'est autre que la route départementale qui relie Vernon à Gasny. Ce sera son « Jardin d'eau ». Il détourne un bras de l'Epte, creuse un étang. « Il plante des capucines et des dahlias, mais ce sont les bleus pâles des glycines, les violets des iris, les tubéreuses venues du Mexique et les nymphéas aux reflets nacrés parmi les touffes d'herbe de bambou qui donnent au jardin son caractère[3]». Le jardin devient peinture, la peinture se fait jardin.

Georges Clemenceau, ami fidèle de Monet, témoigne de l'attachement de l'artiste à son jardin : « Dès que la brosse s'arrêtait, le peintre courait à ses fleurs ou s'installait volontiers dans son fauteuil pour penser ses tableaux : yeux clos, bras abandonnés, immobile, il cherchait des mouvements de lumière qui lui auraient échappés… ».

En 1895, Monet fait construire le « Pont japonais » qui enjambe le jardin d'eau et permet de structurer l'espace. Ce pont, dont la renommée s'étendra rapidement aux quatre coins du monde, lui sert de modèle, de point d'observation, de lieu de réflexion et de méditation. Tel un capitaine juché sur la passerelle de son bateau, il contemple sans se lasser les nymphéas qui frémissent au vent.

La saga des nymphéas

Au début des années 1890, Monet réfléchit à des peintures murales. Quelques années plus tard, il entreprend la série des Nymphéas. Le motif : quelques centaines de m^2 d'eau, d'ombres, de lumière, de reflets, d'une végétation improbable… ponctué de plaisants nénuphars, qui vont rapidement offrir leur nom à la postérité. Monet se noie dans la nature, il se laisse absorber, engloutir par ces nuances de ciel et d'eau, mouvantes et insaisissables. « Les paysages d'eau et de reflets sont devenus une obsession. C'est au-delà de mes forces de vieillard, et je veux cependant arriver à rendre ce que je ressens ». L'hôte de Giverny a près de 70 ans. Il travaille sans repos, à toutes heures du jour, en toutes saisons…

Monet veut sonder l'insondable, comprendre le cœur de la matière et de la transparence, faire jaillir la vérité de la lumière. Quête impossible, désespérée, poignante et magnifique.

Progressivement atteint de cécité, Monet n'en poursuit pas moins son œuvre. En 1914, éclate la Première Guerre mondiale. Il entreprend les « Grandes décorations de Nymphéas », toiles de 2 m de haut et de 3 à 5 m de large. Il se fait construire, sur le côté de sa maison, un nouvel atelier, impressionnant, pour accueillir ses cadres. En 1920, les panneaux, mis bout à bout, courent sur 160 m de long…

Au lendemain de l'armistice du 11 novembre 1918, Monet, offre deux compositions des Nymphéas à l'État, en hommage à la paix retrouvée. Donation qu'il complète généreusement, à l'instigation de Clemenceau, en 1922. Les toiles sont installées à l'Orangerie dans les jardins des Tuileries, dans des locaux spécialement aménagés pour recevoir cette gigantesque

1. Passage souterrain entre les deux jardins
2. Bras de l'Epte dévié pour créer l'étang
3. Ancien accès au Jardin d'eau
4. Étang
5. Pont japonais couvert de Glycine
6. Saule pleureur planté par Monet
7. Glycine plantée par Monet
8. Pergola de rosiers
9. Hêtre pourpre
10. Bosquet de bambous
11. Maison de Monet
12. Second atelier
13. Atelier des Nymphéas
14. Serre chaude
15. Ancienne maison du jardinier en chef
16. Grande allée
17. Pelouse bordée de rosiers
18. Paulownia
19. Pelouse bordée de pommiers en cordon
20. Massif de fleurs
21. Massifs fleuris à dominante colorée
22. Couvert de tilleuls
23. Arbres fruitiers palissés
24. Rosiers grimpants sur le mur de clôture
25. Deux grands ifs
26. Poulailler
27. Pommiers à fleurs

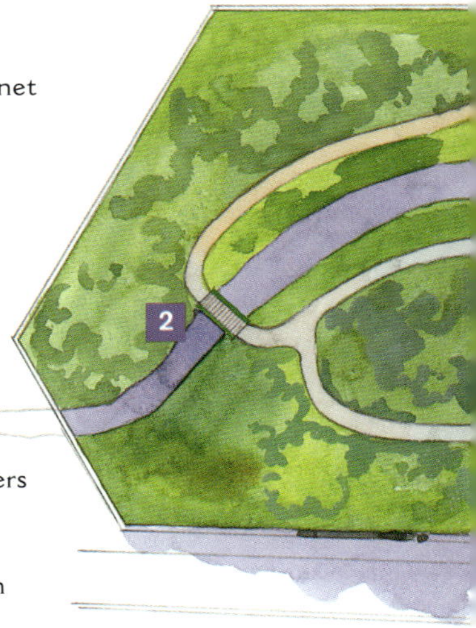

fresque murale. Deux salles en ellipses leur servent d'écrin. Les couleurs se fondent, jaillissent, virevoltent, s'embrasent… Les repères disparaissent : le regard se perd entre le haut et le bas de la composition, l'avant et l'arrière, le dessus et le dessous. Véritable démiurge, l'artiste cherche à capter l'infini.

La station météo donne de précieuses indications aux jardiniers sur le temps qu'il va faire, la température, le degré d'humidité de l'air. Anticiper sur les éléments…

Monet lègue à la postérité des centaines de toiles qui consacrent une nouvelle ère de la peinture, d'une audace sans précédent. Il invente, au sens propre du mot, une nouvelle représentation du paysage intuitive, frémissante, sensible. Par son attitude et son obstination, il délivre un message universel pour dire sa haine de la guerre qui n'est que l'expression de la barbarie humaine en lui opposant une vision cosmique de la nature et de l'univers. Les Nymphéas, œuvre ultime, témoignent de cette volonté de briser les cadres et les frontières. Ils disent, mieux que tout discours, son amour de la peinture, sa passion de la nature.

Au cœur de l'hiver 1926, Monet, fatigué, usé, éprouvé par la disparition de nombre de ses proches s'éteint à Giverny… dans un jardin de fleurs.

D. L.

1. « Oui, si je suis devenu peintre, c'est à Eugène Boudin que je le dois ! » Claude Monet.

2. « Giverny par Vernon, Eure », voilà la formule que Monet fera bientôt imprimer à l'en-tête de son papier à lettres. Le village compte 346 habitants, en 1883.

3. Christoph Heinrich, *Monet*, Le Musée du Monde, 2005.

8
10
9
4
7
6
5
2
1
3
24
18
23
17
16
21
20
15
19
14
25
12
27
13
26
11
F. MOIREAU

Le Clos normand

Façade sud de la maison de
Claude Monet.
L'ancien bâtiment de ferme est agrandi vers l'est.
Une terrasse surélevée en bois est créée. Volets, portes
et balustrades sont peints en vert soutenu
par le nouveau propriétaire des lieux.
À gauche de la bâtisse, dans l'ancienne grange, le premier
atelier du peintre, qui sera transformé ultérieurement en
bureau. Des rosiers grimpants recouvrent une structure
métallique sur toute la longueur de la bâtisse.

Les couleurs du petit matin sont estompées. Nous sommes au coeur de l'hiver. Les massifs, saturés il y a peu des couleurs les plus vives, n'offrent plus que les tons sombres de la terre en dormance. L'atelier des Nymphéas, l'ultime espace spécialement construit par Monet pendant la Première Guerre mondiale pour accueillir des cadres de dimensions exceptionnelles.

« Je songe a ce que je ferai à Giverny dès que le jardin sera fleuri (18 mars 1896). »

Claude Monet

Près des serres, construites à l'époque de Monet, le deuxième atelier du peintre. Les locaux ont depuis été transformés en bureaux.

Dans ces serres chauffées et sous les chassis de culture se préparent dès la mi-février les innombrables plants nécessaires au fleurissement des jardins.

Bacs à semis.

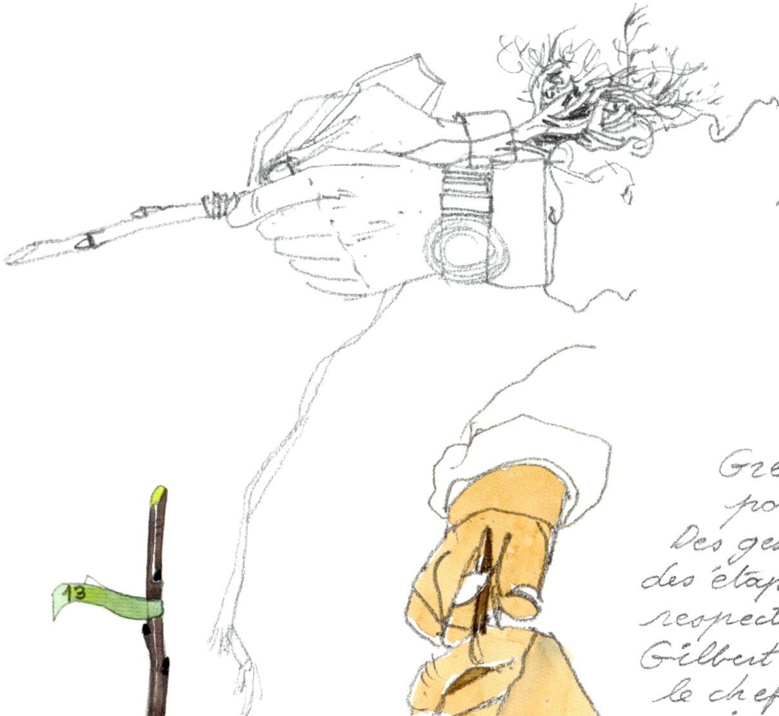

Pensée "Panola Blanc"

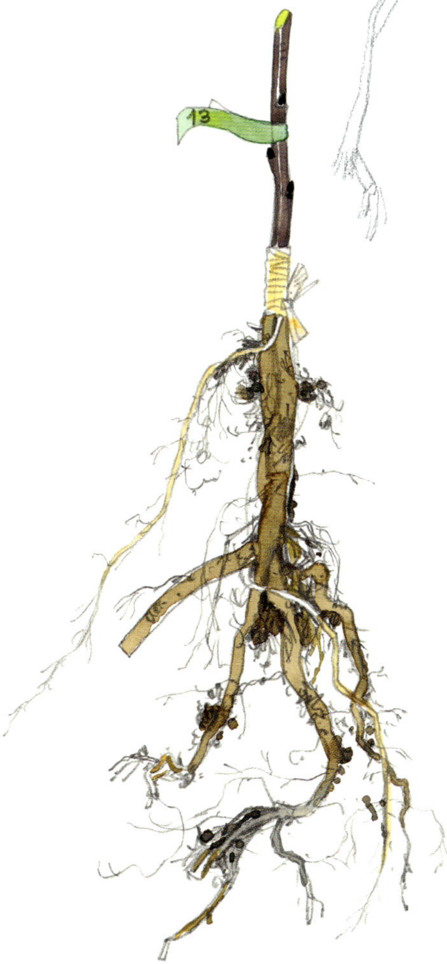

Greffes de pommiers. Des gestes précis, des étapes à respecter... Gilbert Vahé, le chef des jardiniers embauché par Gerald Van der Kemp en 1977 pour la restauration des jardins multiplie à ses heures des variétés en voie de disparition.

Il recherche inlassablement auprès des meilleurs producteurs les hybrides les plus séduisants pour fleurir les massifs selon leur dominante colorée. Des pensées par milliers...

"Omega Bleu Argent Pur"

"Panola Jaune d'Oz"

"Joker light Blue"
"Karat Blue"
"Alpha Violet et Blanc"
"Eclips"
"Feeling Blanc" à macules
"Joly Joker"
"Impression Matisse"
Viola "Angel Tiger Eye"
Viola "Angel Rouge" à macules.

Début du printemps.
les bulbes font leur apparition.
Prédominance des jaunes et des blancs des jonquilles et des narcisses. La palette est douce. Dans les massifs et sur la grille qui clôt le jardin au sud, les rosiers développent leurs pousses drues.

Tulipe "Queen of Night"

"Bleu Aimable"

"Black Parrot"

Dès la mi-avril, les tulipes succèdent aux narcisses. Un à un s'ouvrent les calices les plus sobres ou les plus sophistiqués.

Près du pignon est de la maison, le laurier-tin fait voûte. la perspective conduit en pente douce au jardin d'eau.

Iris et giroflées, en mai.

« Ne manquez pas de venir lundi comme c'est convenu, tous mes iris seront en fleurs, plus tard il y en aurait de passés.
Voici le nom de la plante japonaise qui me vient de Belgique : *Crythrochaete*. Tâchez d'en parler à M. Godefroy et de me donner quelques renseignements sur sa culture. »

Monet à Caillebotte
Giverny (lettre non datée)

Mi-mai, les
clématites envahissent
généreusement les arceaux,
dans une symphonie de blanc, de rose et de mauve.
Les boules d'ail dessinent une jolie ponctuation, comme le
feraient des notes de musique, sur cette partition végétale.

Rosa rugosa "Évêque"
1790

Les pavots à opium
(Papaver somniferum) se
ressèment naturellement dans
tous les massifs. Mais fidèles à
l'esprit de Monet, les jardiniers les
laissent se développer ça et là.

Rosier "Centenaire de Lourdes Rose", sur tige, conduit en forme de "champignon". Début juin.

« Je vous remercie d'avoir pensé à moi pour les fleurs d'Hokusaï… Vous ne me parlez pas des coquelicots et c'est là l'important, car j'ai déjà les iris, les chrysanthèmes, les pivoines et les volubilis. »

Monet à Maurice Joyant
Giverny, 8 février 1896

En juillet, au coeur de l'été, la végétation prend des couleurs, avec ici ces dominantes de rose, ponctuées de jaune, d'orange et de rouge soutenu. Non loin, une pelouse carrée est bordée de pommiers en cordon.

« Mon chef-d'œuvre,
c'est mon jardin »

Claude Monet

Pour Monet, le jardin est conçu comme une palette, sans cesse renouvelé au fil des jours et des saisons.

Ivre de couleurs, Monet apprécie les teintes subtiles et douces. Il ne dédaigne pas pour autant les couleurs violentes. C'est ce mélange extrême des couleurs qui donne au Clos normand un air de fête.

Rudbeckia hirta, une vivace à grand développement.

Septembre-octobre. Camaïeu de bleus dans les massifs de la pelouse centrale. Un if et quelques pommiers dégingandés ponctuent l'espace, fichés dans des carrés de couleur pure.

chaque fleur est en soi un événement chromatique qui fait écho à de vastes fleurissements.

Asters doubles

Si la composition des massifs repose sur un fond de vivaces, les annuelles très florifères de plein été sont mises à contribution. Les cosmos roses permettent des effets de masse et servent de faire-valoir aux tournesols.

Les massifs, qui souvent dépassent la taille humaine donnent au promeneur l'impression d'être immergé dans la nature.

Dahlia "Aztèque"

Delphinium
Dahlia à fleur
de camélia
"Cambush"

Harmonie de bleu, de blanc, de rose...
Insensiblement, d'un massif à l'autre,
la palette évolue. Monet, semblable à
l'abeille qui fait son miel, se nourrit de
toutes les couleurs, se gorge de toutes les lumières.

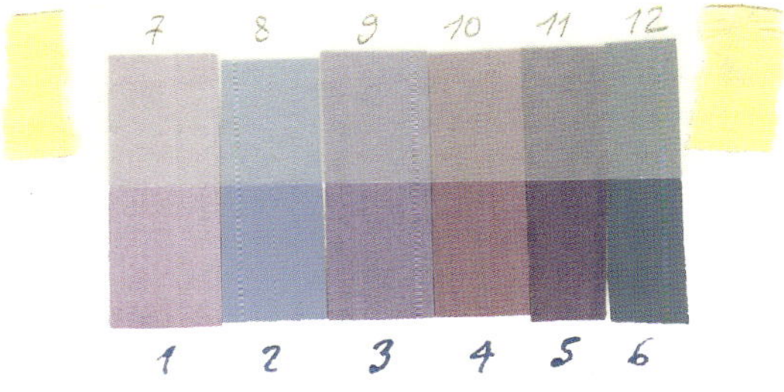

Profusion de fleurs et de massifs. Succession de plans et de coloris.
Dégradés et contrastes. Rien n'échappe à l'oeil du peintre.

La maison du peintre semble émerger d'un océan de fleurs.

« Le jardin de Monet compte parmi ses œuvres [...]
Un prolongement d'atelier en plein air, avec des palettes de couleurs profusément répandues de toutes parts pour les gymnastiques de l'œil, au travers des appétits de vibrations dont une rétine fiévreuse attend des joies jamais apaisées. »

Clemenceau, 1928

L'allée centrale part de la maison et conduit au Jardin d'eau. Deux ifs marquent symboliquement la voie. Devenu propriétaire de la maison, Monet voulu les abattre, sa femme Alice s'y opposa. Monet obtint uniquement de les élaguer. Au fil des mois, les capucines envahissent le passage, et tissent de la sorte un tapis bariolé.

La fenêtre du premier
étage est celle de la
chambre de Claude
Monet. Tôt levé,
son premier
regard est pour
son jardin de
fleurs.

Lors de la restauration des jardins, les archives de la famille ont été passées au peigne fin. Les jardiniers ont scruté les photographies en noir et blanc pour identifier les espèces. Ce patient travail a permis de recréer les massifs sans trahir l'esprit des lieux.

Avec leur rouge intense, les deux parterres de géraniums, devant la maison, sont une fidèle restitution.

En juin, les rosiers en fleur brouillent la lecture de la façade. Monet cultive l'art du flou.

La Grande allée début juin.
La succession d'arceaux couverts de roses, les massifs de fleurs qui la bordent, canalisent le regard vers le Jardin d'eau.

D'un confort bourgeois, le premier atelier de Monet fut rapidement transformé en salon. Le peintre aimait y prendre son café le repas terminé et faire de courtes siestes dans son confortable canapé.

Le couloir du 1er étage conduit aux chambres de Monet et d'Alice Hoschedé. Aux murs, des estampes japonaises dont le peintre est grand amateur.

La palette de Monet, conservée au musée Marmottan. Usée ou brisée dans un accès de rage ?

« L'hiver comme l'été, il se levait avec le soleil.
Il se couchait en même temps que lui.
Il ne fermait jamais ni les persiennes, ni les rideaux des fenêtres de sa chambre .. et c'étaient les premiers rayons du soleil qui le réveillaient et l'appelaient.
Aussitôt levé, il mangeait une andouillette grillée, buvait un verre de vin blanc allumait une cigarette et allait se mettre au travail… et lorsque le soleil disparaissait à l'horizon, il dînait et montait se coucher, car il le disait lui-même : quand le soleil est couché, qu'est-ce que vous voulez que je fasse ? ».

Sacha Guitry

La cuisine est spacieuse. Marguerite, la cuisinière, dans la plus pure tradition des maisons bourgeoises veille avec soin à la préparation des repas, tant les convives sont nombreux et le maître de maison exigeant : enfants de Claude Monet, enfants de sa femme Alice, invités de passage. Ici, tout est bleu : faïences, plafond, meubles… Ainsi en a décidé Monet.

Sole à la normande

S'il ne touchait jamais à une casserole, le peintre n'en était pas moins un fin gourmet… et un grand gourmand.
À la lecture des recettes conservées dans les cahiers de la maison, on est surpris des quantités de plats servis chaque jour et de leur raffinement.

Aux murs, une impressionnante collection d'estampes japonaises.

La salle à manger répond à la même logique que la cuisine, à la différence près qu'ici tout est d'un jaune vif et lumineux. Même le service de table, spécialement créé pour être en harmonie avec la pièce et le mobilier.

Brumes de novembre sur le Jardin d'eau. L'étang fut conçu par Monet dans l'esprit des estampes japonaises. Au petit matin, dans ce mini-

Le Jardin d'eau

Parmi les vivaces
endémiques,
les pétasites sont sans doute
celles qui ont le feuillage le
plus large. Elles se développent
sur les rives de l'étang et
de la rivière.

théâtre de nature, le rideau se lève, apparaissent progressivement
les couleurs du jour. Un enchantement.

Les peupliers, hautains et
mystérieux, veillent,
dépouillés mais solidaires,
sur le Jardin d'eau.
Le feuillage rouge feu
de quelques liquidembars
forme des reflets orangés
à la surface de l'eau.

Marliacea
chromatella

La neige recouvre pour quelques jours les jardins.
Monet aime particulièrement le bleu-mauve des
ombres portées sur les surfaces enneigées.

Feuilles de saule pleureur tombées au sol.

Si les perce-neige sont en fleur, c'est que le printemps approche !

Le tronc d'un hêtre pourpre altier et majestueux, semblable à une gigantesque patte d'éléphant, contraste avec les chaumes fins et élancés des bambous qui s'inclinent au moindre souffle.

Le Pont japonais
est la fierté de Monet. Une glycine mauve, une Wisteria blanche se déploient, grimpent, s'enroulent sur le pont qui leur sert de tuteur dans une ambiance de fête champêtre.

Les saules pleureurs revêtent leur parure de carnaval dès les premiers jours de mars. Ils illuminent de leur jaune si particulier les reflets de l'étang.

Monet aime partager ce moment de contemplation et de méditation sur le Pont japonais avec ses invités. Les glycines sont en fleur. Le temps mystérieusement s'arrête. Tout est légèreté.

Au bord de l'étang,
vers l'est,
subsiste une glycine
au tronc creux
plantée il y a
plus d'un siècle.

« Deux mots pour vous prévenir que la glycine est bien près d'être à point, qu'elle sera splendide d'ici peu de jours et que votre venue s'impose. »

Claude Monet
Lettre à Clemenceau, 16 mai 1922

L'entretien
de la pièce d'eau est
quotidien. On dit que Monet
demandait à ses jardiniers
de nettoyer les nymphéas
pour leur redonner éclat et
brillance, avant de poser
son chevalet.

« Il aime l'eau comme une amante… »

Émile Zola
L'Événement illustré, 24 mai 1868

Le plein été sur l'étang "japonais" : les nymphéas si célèbres brouillent dans l'allégresse la surface d'eau. Les feuillages des arbres s'entremêlent : un paysage très flou, juste une "impression".

La barque est sans doute l'outil le plus utile de ce côté-ci du jardin. Sans elle, impossible d'aborder les berges autrement inaccessibles.

« Je m'attaque à des choses impossibles à faire : de l'eau avec de l'herbe qui ondule sur le fond.
C'est admirable à voir, mais c'est à rendre fou de vouloir faire ça.
Et dire que je m'attaque toujours à ces choses-là ! ».

Claude Monet

Si une majorité de nymphéas fleurissent de rose et de blanc, quelques variétés proposent pendant tout l'été un délicat jaune pâle.
Les nymphéas sont plantés par groupes de trois, espacés les uns des autres. Ils forment ainsi des nuages qui, pour le peintre sont un véritable ravissement. Leurs feuilles luisantes favorisent les ébats des grenouilles, libellules et autres petites bêtes.

C'est en détournant un bras de l'Epte
que Monet put réaliser son Jardin d'eau.
L'eau vive n'est, ici, que reflets et sonorités.

Sitôt fleuries, les colchiques d'automne s'affaissent, formant ça et là des taches lumineuses dans l'herbe humide.

À partir de 1890, Monet tout en continuant à s'occuper de son jardin fleuri, aménage son « jardin d'eau ». Il s'en explique au préfet de l'Eure, et se justifie des attaques dont il est l'objet de la part des habitants du village : « Il ne s'agit là que d'une chose d'agrément et pour le plaisir des yeux, et aussi d'un but de motif à peindre ; je ne cultive dans ce jardin que des plantes telles que nénuphars, roseaux, iris de differentes variétés qui croissent généralement à l'état spontané le long de notre rivière, et il ne peut être question d'empoisonnement de l'eau. »

Monet a une passion pour Blanche, sa belle-fille (la fille d'Alice Hoschedé, sa seconde épouse). Elle lui sert fréquemment de modèle.
À la mort d'Alice, Monet souffre de son extrême solitude. Blanche s'installe dans une petite maison à Giverny, pour s'occuper de son beau-père, à qui elle voue admiration et affection et près duquel elle peindra jusqu'au dernier jour.

« Je n'ai fait que regarder ce que m'a montré l'univers, pour en rendre témoignage par mon pinceau. »

Claude Monet, 1926

La maison de
Blanche Monet,
à Giverny.

Informations pratiques

Le second fils de Claude Monet, Michel, lègue, en 1966, la propriété de Giverny dont il a hérité à l'Académie des Beaux-Arts / Institut de France.
En 1977, Gerald Van der Kemp, Conservateur du château de Versailles, accepte de prendre en charge la remise en état de la propriété de Claude Monet, laissée depuis de longues années à l'abandon.
Les témoignages de générosité se multiplient rapidement. Mrs. Acheson Wallace, Américaine passionnée de fleurs et fervente admiratrice de Claude Monet, fait une importante donation qui permet de lancer les premiers travaux de restauration de la propriété du peintre.
Walter Annenberg, ancien ambassadeur des Etats-Unis à Londres, finance le passage souterrain qui relie le Clos normand au Jardin d'eau. La famille David-Weill prend à sa charge la restauration de l'ensemble du mobilier et des estampes japonaises.
Le Conseil général de l'Eure, pour sa part, s'engage à financer trois jardiniers, pendant quatre années consécutives.
Le 1er juin 1980, la Fondation Claude Monet, nouvellement créée, dont l'objectif est de perpétuer la mémoire du peintre, ouvre la propriété de Giverny au public.
Les jardins sont reconstitués grâce à la collaboration précieuse de Jean-Marie Toulgouat, un descendant d'Alice Hoschedé, seconde femme de Monet, d'André Devillers, assistant du pépiniériste Georges Truffaut et grâce au savoir-faire de Gilbert Vahé, jardinier en chef.
Poursuivant l'aventure initiée par son mari, Madame Gerald Van der Kemp est, aujourd'hui, Conservateur de la Fondation Claude Monet, secondée par Claudette Lindsey, Secrétaire générale de la fondation.
Les jardins de Giverny, connus dans le monde entier, exceptionnel témoignage de la vie du peintre, accueillent entre 400 et 500 000 visiteurs par saison.

Adresse
Fondation Claude Monet
84, rue Claude Monet
27620 Giverny
Tél. 02 32 51 28 21 ; Fax : 02 32 51 54 18
e-mail : contact@fondation-monet.com
<www.fondation-monet.com>

Comment s'y rendre
DEPUIS PARIS :
En voiture : prendre l'autoroute A 13 (direction Rouen), emprunter la sortie 14 (Bonnières) ou 16 (Douains), puis suivre les panneaux Vernon ou Giverny (70 km entre Paris et Vernon).
En train : départ de Paris Saint-Lazare Grandes lignes, en direction de Rouen, descendre à Vernon.
En saison, des cars relient la gare SNCF et la gare routière de Vernon à Giverny (5 km). Renseignements auprès de la compagnie TVS -Tél. 02 32 54 57 78
Possibilité de location de vélos à la gare.

Visite des jardins
Tous les jours, sauf le lundi, du 1er avril au 31 octobre, de 9h30 à 18h.
(Boutique ouverte de 10h à 18h).
Tarifs (au 1er janvier 2006) :

Calendrier

Adultes :
- maison et jardins : 5,50 €
- jardins uniquement : 4 €

Enfants et adolescents (maison et jardins) :
- moins de 18 ans : 4 €
- moins de 12 ans : 3 €
- gratuit pour les enfants de moins de 7 ans

Renseignements pour les tarifs de groupes : Tél. 02 32 51 90 31
Fax 02 32 51 91 32

Calendrier des floraisons

Fin mars et début avril
Narcisses, jonquilles, cerisiers, pommiers du Japon, laurier-tin…

Avril
Narcisses, jonquilles, jacinthes, pensées, aubriettes, myosotis, primevères, fritillaires, monnaie du pape, tulipes hâtives, lilas…

Mai
Pensées, myosotis, aubriettes, monnaie du pape, tulipes, ancolies, giroflées, ail, margueritesblanches, centaurées, pastel, delphiniums, géraniums vivaces, juliennes, pivoines, azalées, rhododendrons…

Fin mai
Iris, glycines mauves puis blanches (environ 10 jours après), pavots, ail, paulownia…

Juin
Rosiers (apogée vers mi-juin), clématites, pavots, lys, delphiniums, tamaris…

Juillet
Rosiers, clématites, lavatères, roses trémières, abutilons, hémérocalles, glaïeuls, gauras…
Début de floraison de toutes les annuelles : ageratums, verveines, sauges, mufliers, tabacs,rudbeckias, cosmos, cléomes, coréopsis, sanvitalias, tournesols, hélianthus, tithonias,volubilis, impatiens, rosiers d'Inde, capucines, dahlia, début de floraison des nymphéas.

Août
Toutes les annuelles citées ci-dessus ; fin de floraison des roses trémières, des nymphéas…

Septembre
Asters, dahlias, toutes les annuelles… rosiers remontants (vers le 10) ; les capucines ont envahi la Grande allée.

Octobre
Certains rosiers, asters, dahlias, capucines et la plupart des annuelles, colchiques et crocus d'automne…

Novembre
Certains rosiers ;
les premières gelées sévères se produisent (mi-octobre certaines années).
Les annuelles disparaissent en peu de temps. Le jardin entre en dormance jusqu'aux premiers réveils, fin février (perce-neige…) ;
le rouge des liquidembars atteint son maximum d'intensité au début du mois.

Bibliographie

- *Claude Monet, une vie*, Michel de Decker, Editions Perrin, 1992
- *Histoire de l'impressionnisme*, John Rewald, Albin Michel, 1955.
- *Monet, « un œil… mais bon Dieu, quel œil ! »* Sylvie Patin, Découvertes Gallimard / Réunion des Musées nationaux
- *Monet*, Christoph Heinrich, Le Musée du Monde, juillet 2005